スティーブ・ベーカー
エイミー・テーバー
渡部匡隆
園山繁樹 訳

入門
発達障害と人権
Human Rights Committees
Keeping Organizations On Course

二瓶社

Human rights committees: keeping organizations on course
by Steve Baker and Amy Tabor
Copyright ©1999 Steve Baker and Amy Tabor
Japanese translation rights arranged with High Tide Press
through Japan UNI Agency, Inc., Tokyo.

目 次

はじめに 7
訳者そえがき 8

歴史的展望 9
    1892年／1947年／1953年／1961年／1974年／1984年／1994年／20世紀の終わり
  社会の反応 14
  学会と専門職の反応 17

社会の基本単位としての権利 18

人権委員会の基本的ガイドライン：組織として検討すべき原則 20
  最良の実践 21
  環境的な文脈 21
  個人の成長と自己決定 22
  個人の最大の関心 23
  危険への自由 23
  法的問題 25
    法の適正手続き／インフォームド・コンセント

人権委員会とは何か 28

人権委員会に関する実践的ガイドライン 30

 委員会の権限 30
 守秘性と匿名性 30
 個人の権利に影響を与える問題の対応手順 31
 人権委員会の審査の進め方 33
 人権委員会に共通する問題 35
 その他の留意事項 38
  機械的承認の危険性／委員に外部の代表を加える／適時性／
  人権委員会の付加的な役割／人権委員会の決定に対する不服申立て／
  最後に

人権委員会の設置と構成 43

 委員の構成——委員として誰がふさわしいか？ 43
  委員の役割・資質・資格／委員長の役割・資質・資格
 委員に対する任命時研修と在任中研修 46
 会議の回数 47
 予定表・通知・招集 47
 会議次第・署名用紙・議事録 49
 情報と説明の形式 50

よくある質問とその答え 52

付録 60

 A. 人権委員会のチェックリストの例 60
 B. 行動管理委員会と人権委員会のフローチャート 62
 C. 国際連合による「知的障害者の権利宣言」 63
 D. 人権委員会の方針のサンプル 66
 E. 委員のための参考図書 71

引用文献 72
著者・訳者紹介 74

装幀　森本良成

はじめに

　今日、人権委員会（Human Rights Committee）は、さまざまな組織と機関がその使命をきちんと果たすために考え出された組織的な手立てとなっており、障害のある人々を支援するほとんどのヒューマンサービス組織に設置されている。個人の権利は、アメリカ合衆国市民の最も基本的なものである。そして、ある個人が「障害がある」と判定されたことによって、あるいは認知面や身体面に能力的な制限があることによって、低い評価を受けたり、否定的な処遇を受けるようなことがあってはならない。人権委員会の目的は、当該の機関でサービスを受けている人たちの人権の保護・支援およびその権利の行使について、その機関自身がきちんと任務を果たすことができるようにすることである。

　人権委員会は、その組織にとって、つねに「真北」（正しい方向）を指し示す羅針盤となる。このことは、どのような目的の組織においても言えることである。組織は、毎日、質の高いサービスを提供するよう努力しているが、しばしば横に逸れてしまうこともある。しかし、人権委員会は、施設長や管理職、および直接療育や支援を行う職員が、自分たちの職務の中で、つねにそして確実に人権の行使や擁護を行うことができるようにする。

　人権委員会は、鋭い分析力やその任務に特に役立つ能力を持ったさまざまな人々の助けを借りて、その使命を果たすことができる。障害のある人々を支援する組織は、発達障害・身体障害・知的障害

のある人々に対して、質の高い支援やサービスを提供したり開発するために、人権委員会を設置することが望ましい。

　本書では、読者が関係する組織や機関が、人権委員会を設置したり強化するための課題・疑問・留意点について解説するとともに、基本的なステップを提示するつもりである。

訳者そえがき

　本書の歴史的な記述の訳出においては、現在では使われない用語や不快語とみなされる訳語であっても、原著の意図にそった形で訳すようにした。それは障害のある人々の権利についての歴史的な経緯を、当時の状況の中で正しく理解していただきたいという理由からである。もし不快な思いをされる方があれば、この点をご理解いただきたい。

　なお、訳出に当たっては、「歴史的展望」の後半と「よくある質問とその答え」の部分、および全体の文体の統一を園山が担当し、それ以外の部分を渡部が担当した。

　また、本書の原タイトルは「人権委員会：組織を正しく方向づける」と訳せるが、障害のある人の人権擁護が主題であるため、日本語訳を「発達障害と人権」とした。

歴史的展望

　「人類の暗い影」「彼ら自身とその周囲の人たち双方にとっての不幸」「反社会的な存在」「市民権を持たない人」「共同体の幸福を脅かす存在」、こうした言い方はすべて、「彼（女）ら」を「われわれ」から隔離するために作られた法律を正当化しようとして、20世紀の州議会が考え出した、障害のある人々についての記述である。一般大衆はこうした考えに迎合し、深刻な虐待が繰り返される温床となった。身体的虐待・心理的虐待・性的虐待などさまざまな虐待事件は、精神疾患や発達障害の人々のための施設や社会サービス機関という、まさに人々を援助・支援する場においても同じように起きていた。

1892年
　新大陸へのヨーロッパ人の進出400周年を祝って、シカゴで開催されていたコロンビア博覧会に、世界中からたくさんの人たちが集まった。イリノイ州政府は、いかに近代的で進歩的で能率的な生活と産業が、この「大草原州」と呼ばれる町に存在しているかを訪れた政府高官や一般市民に示す、資料や展示物を大量に用意していた。
　集められた品々の中に、「イリノイ州の慈善施設」と題された小さな冊子があった。適切な題がつけられたその冊子では、公民権を剥奪された人々が紹介されていたが、その時代の価値観を反映した決まり文句やヴィクトリア調の偽善でうわべだけを飾り立てたもの

であった。特に目をひくのは、「東部狂人保護院（Eastern Asylum for the Mentally Insane）」の紹介文で、その施設は、「精神的欠陥のある人のケアをできるだけ経済的に行うために、フランスモデルにもとづいて建設された」と紹介されていた。

1947年

　州立の精神病院や精神薄弱者施設の居室は、さまざまな色合いの茶色いタイルで、床から壁、そして天井まで全面が覆われていた。その天井は、床に座って身体を前後に揺すり続けている男たちの頭より、3m60cmも高かった。モップバケツと靴下に入れた石鹸を携えた介護職員が、80人を超す病棟の入所者をたった1人でみていた。食事の時間になると、入所者たちは少し離れたところにある、同じような茶色いタイルが貼られた食堂へ重い足を引きずって行った。彼らは重度の知的障害であったが、まるで目が見えないかのように互いに手をつないで歩いていた。

　テーブルでは男たちは頭をたれたまま、片方の腕で自分の皿を抱え込み、もう一方の手でできるだけ早く食べ物をかき込んで食べていた。訪れた人は、これは他の入所者に取られないようにするための防御手段なのだ、と教えられた。食事が終わると病棟に戻り、集団で用便し、シャワー室でホースで水をかけて洗われた後、壁に向かって座り、身体を揺すり、そして夕食まで待った。それはお決まりの日課であり、時折、作業やけんかをするときや、研究者が研究論文や学術書の資料を集めるためになぐり書きをさせるときだけ、中断された。

国中の精神病院で、医学生たちは、病院にサービスを「寄贈」しながら技術を磨いた。外科手術は、「健常な」人たちに行う前に腕を磨く目的で、高齢の人や障害のある人に対して、日常的に行われていた。その後、移植が初めて可能となり、やがて日常的に行われるようになると、臓器摘出がそれまでの単なる外科手術に代わって、精神科病棟の医師たちの間で、当たり前の行為として行われれるようになった。

1953年

アメリカ精神薄弱学会（AAMD）は、新しい「公立精神薄弱者訓練施設基準」を作成した。これらの基準は、従来の職員配置の仕方に代わって、計画的で管理的な方法について概説し、医療サービスから農場での作業まであらゆる事柄を含んでいた。（Scheerenberger, 1983, p.244）

1961年

ジョン・F・ケネディ（John F. Kennedy）の大統領在任中は、さらに人道主義的な努力が求められた。知的障害の妹がいたケネディは、障害のある人々の生活の質を向上させることを誓約し、知的障害に関する大統領特別委員会を指名した。彼の特別委員会への提言では、以下のことが述べられていた。

「学問的にも人道的にも、身体障害や精神病、知的障害について深い関心が寄せられている。ところが、身体障害の治療はかなり進んで

も、また精神病の問題に広く正面から取り組んでも、病気との闘いにおいて長足の進歩をとげたとしても、われわれは国家として、知的障害者問題の解決を徹底的に追求することを、あまりにも長い間先延ばしにしてきた。この誤りは早急に正さなければならない」（Scheerenberger, p.247）

1974年

　ジェラルド・リベラ（Geraldo Rivera）は、ニューヨーク市のスタテンアイランドにあるウィロウブルック知的障害者施設に、テレビ取材班を連れて行った。そこに入所している子どもと大人が、じっと我慢を強いられている生活の状況を暴露するためである。裏部屋がテレビで公開されると、国民は息をのんだ。このスキャンダルの副産物として、ニューヨーク中で多くの脱施設化プログラムが進められ、まだ稼働している施設には必要な修理と改善のための資金が集められることになった。（数年後、テレビの視聴者は別の映像を見せられた。その中で、施設長は、「ウィロウブルックでは、1部屋で8人から10人の塗装工が働くのは全く普通のことであり、ジェラルドの報告は彼らとは何の関係もない」と、強く主張した）

1984年

　コネチカット州のローウェル・ワイカー（Lowell Weicker）上院議員は、知的障害の自分の息子に適切なケアを見つける、という個人的な取り組みを、上院の議場に持ち込んだ。彼は、アメリカの納税者が10年間、自分の息子が受けたのと同じようなプログラムに資金を注ぎ込んでも、状況が少しも変わってないことを非難した。国

のいたるところで始まっていたプログラムの改善とは別に、何千人もの人々にとってはいつも通りの毎日が、同じように続いていたのである。

医療財政管理局は、知的障害のある人のための中間療養施設（Intermediate Care Facilities）において、連邦の医療扶助資金の受領に見合ったレベルのケアが本当に実施されているかどうかを「追跡」調査するよう命じられた。

1994年

　「私たちが能力の制限のある人たちを本当に守ろうとするなら、彼らの安全を求める権利だけでなく、幸福を追求する権利も全力をあげて守るべきである」
　　　　　　　　　　クラレンス・J・サンドラム「選択と責任」（1994）

少なくとも、専門職の人たちは、障害のある人を全人格的に見るようになってきたし、われわれと同じように感情や希望、夢を持つ人として見るようになった。

20世紀の終わり

州立施設は姿を消しつつある。障害のある人々が地域社会で暮らすための選択肢も、一世代前には想像できなかったくらい増えている。訓練、仕事、地域活動、それ以上にもっと積極的なサービスが、いまや全米のどこでも見られるようになった。それぞれの地域の組織がこぞって瀟洒な造りのグループホームを提供し、就労を支援し、余暇活動のデイプログラムも用意している。どのプログラムも、障

害のある人に対してどれだけの成果を上げることができるかに重点を置くようになり、地域社会へのインクルージョンの可能性はますます高まった。「知的障害」という名称は、専門職のボキャブラリーから消えようとしている。しかしながら、障害ということに特化した組織やプログラムによって、基本的人権の制限が、意図的でない形であっても、まだまだ広く見られている。

社会の反応

　障害のある人自身による権利の主張や、障害のある人のための権利の主張の歴史は、まだ浅い。1892年のコロンビア博覧会当時、東部狂人保護院に収容者されていた人たちは、「精神的欠陥」があるという理由で、人権はないとみなされていたし、よくても、誰か善意の人が彼らの代理として権利を行使すべきだ、と考えられていた。経済性の観点からケアをとらえていた時代から、現在、人間固有の権利にもとづいて各個人の成果を考えるようになったのは、きわめて大きな前進である。しかし、その当時の社会や裁判所には、そのような前進をしようとする意志はなかった。

　公立施設に入所している人たちは、今日われわれが当たり前と思っているような権利について、教えられる機会はなかった。1970年代の初めになってやっと、裁判所の一連の画期的な判決や、議会での法律の制定によって、障害のある人たちの市民権が少しずつ獲得されるようになった。これらの判決や法律は、今日まで社会政策に大きな影響を与えている。

1971年は、そういう意味で、社会に大きな変化をもたらす分岐点となった年である。国連が「知的障害者の権利宣言」を出した年でもある。この宣言は、知的障害のある人に関わる人たちにとって必読となっている（付録C参照）。この宣言によって、世界各国での今後の方向性が示されたし、人間社会の構成員としてわれわれが法律的に何を期待されているかを明らかにしている。

　同じ年に、米国保健教育福祉省（DHEW）も、「被験者の権利擁護のためのDHEW指針：研究施設用ガイドライン *Institutional Guide to DHEW Policy on Protection of Human Subjects*」を出した。現在の基準から見れば、それほど特筆すべきことはないかもしれないが、当時としては、このガイドラインは、従来ほとんど研究上の規制がなかった障害のある人を対象にした研究に対して、初めて連邦政府としての規制を作ったという点で、画期的なものであった。かなりの額の連邦政府の資金が、通常は州の機関を通して、サービス提供組織に流れるようになったのも、この時からである。こうした資金が継続することによって、政府資金の活用状況を調べる一つの手段として、ワイカー委員会の資金監査手続きが作り出された。

　個人の権利に関しておそらく最も重要な判決は、1972年のアラバマ州の州立施設に関するワイアット対スティックネイ訴訟判決である。この訴訟は、リッキー・ワイアットの後見人が原告となり、1970年にアラバマ州精神衛生局を訴えた画期的な集団訴訟である。ジョンソン裁判長は、州立施設では知的障害の人の健康権が侵害されている、との見解を示した。そして、判決の中で、アラバマ州の公立施設におけるサービスについて、原則となる49項目の基準が示され

たのである。この基準は、「適切な処遇を受ける権利」として多くの人に知られるようになった。

　49項目の中に、7名の委員で構成される人権委員会を組織し、「全ての処遇計画において、入所者の人権が擁護されているかどうか」を、審査・監督することが明示された。初期の人権委員会は、障害のある人の権利擁護の防護壁の役割を果たすことを目的とし、中間療養施設と呼ばれる巨大施設群の中に設けられるようになった。

　これらの委員会の責務は、申請されたすべての研究計画や処遇プログラムを審査し、入所者の尊厳と人権を擁護することであった。また、入所者の法的な権利が侵害されることがないように、あるいは精神保健委員会が裁判によって定められたガイドラインに違反することがないように、入所者自身への助言や支援を行った（Friedman, 1976, p.51）。さらに、この基準では、認定知的障害専門士（Qualified Mental Retardation Professionals: QMRP）の資格要件、施設面の要件、行動的処遇（行動計画）の実施上の留意事項についても規定されていた。このうち行動的処遇の実施については、当該の問題が医療を必要とする病気や健康問題によるものではないことを、あらかじめ医師の診察によって確認した上で実施することが、裁判所から求められた。（この当時も、ワイアット訴訟判決に関する文献の影響力は大きく、この領域の専門職の必読書とされていた）

　ワイアット訴訟判決以来、認定知的障害専門士は、処遇計画の立案や調整の際にリーダーシップを発揮する職員とみなされるようになった。名称はさまざまで、ケースマネジャーやケアコーディネーターその他の職名で、その仕事に当たった。認定知的障害専門士は、

一般に、社会科学の学士以上の学位を持ち、知的障害の分野で1年以上の実務経験を持つ人たちである。

学会と専門職の反応

当時、アメリカの大学では、公立精神病院と同様に、個人の人権にあまり配慮せずに、多数の人を被験者にした実験がよく行われていた。このような状況の中で、アメリカ自由人権協会（The American Civil Liberties Union）は、研究という名による虐待をなくすために、大学の研究者を相手に民事訴訟を起こし始めた。被験者の権利擁護の目的で、大学に人権委員会が設置されるようになったのは、かなり以前からである。こうした委員会には今日では公的資金が交付されており、申請された研究計画で、弱い立場の人たちが被験者になっている場合には、その計画を詳細に審査・監督することが責務とされている。

最後に、専門職の職能団体においても、人権問題に対する意識が高まり始めた。病院認定合同委員会の小委員会（後に合同委員会とは別組織になる）は、発達障害の人へのサービスを提供する施設の審査基準を策定し、サービスを受ける人たちの権利擁護の防護壁となるようなプロセスを定めた。この委員会、すなわち以前の病院認定合同委員会、今日の「障害のある人の支援の質とリーダーシップ協議会（The Council on Quality and Leadership in Supports for people with Disabilities）は、この分野で積極的に活動を続けている。

社会の基本単位としての権利

　アメリカ合衆国は権限付与文章において、すなわち、憲法が、行政上の決定、法的措置、あるいはたとえ自首の場合であっても、変えられることのない固有の権利を個人に与えているという点において、他の国家とは異なっている。これに関連することとして、長い期間にわたる漸進的な変化の中で、社会の現実に憲法本来の意図を適合させるために生じてきた判例の解釈がある。これら２つのことが基礎となって、連邦や州、地方の立法府の職務に、ある枠組みが与えられている。合衆国憲法によって保護されている権利がもし制限される場合があるとすれば、それは裁判所の判決にもとづいてなされる場合のみである。

　いくつかの重要な宣言や法律によって、人々の権利、最近では、障害のある人々の権利が定義されてきた。独立宣言、合衆国憲法第８及び第14修正条項、知的障害者の権利宣言（付録C）、発達障害支援・権利章典法、公法94-142、住宅開放修正条項、リハビリテーション法セクション504、障害をもつアメリカ人法が、その主なものである。

　「……生命、自由、および幸福の追求」　　　　　──独立宣言

　「……いかなる残酷な、または普通でない罰も負わせてはならない」
　　　　　　　　　　　　　　　──合衆国憲法第８修正条項

「いかなる市民も、法の平等の保護を否定されない……。いかなる州も、正当な法的手続きなく、いかなる個人の生命、自由、および財産を奪ってはならない。平等の法的保護の支配のもとで、何人も否定されない」
　　　　　　　　　　　　　　――合衆国憲法第14修正条項

「発達障害のある人々は、適切な治療、サービス、リハビリテーションを受ける権利を持つ……。発達障害のある人への治療的サービスとリハビリテーションは、その人の発達的な可能性を最大限にするために計画されなければならない。そして、個人的な自由を最も制約しない環境において提供されなければならない……。」
　　　　　　　　　　――発達障害支援・権利章典法セクション第111

「……無償で、公的な教育を受ける権利」　――公法94-142，1976年

　人権の定義に関して意見の相違が見られる場合は、職務遂行に当たって、人権委員会の基本的な任務のポイントについて、共通理解しておくことが重要である。

人権委員会の基本的ガイドライン：
組織として検討すべき原則

　臨床場面、すなわち一般の民間サービス事業者が行う事業のような場合、権利の適用には特別な意味がある。組織は、個人の権利擁護を保証しながら、その一方で、障害のある人々へのケアを行い、彼らの安全と健康を保持し、そして地域社会への参加を促すという、新しい試みを行う。その場合、個人の安全と人格の成長との間でバランスを保つことが重要となるが、時には、2つの側面の葛藤が生じることもある。人権委員会は、この葛藤を解決するための安定した力となることができる。

　障害のある人々にサービスを提供するという役割が、サービスを受ける人々の権利をある程度制限することも少なくない。サービス事業者には、そうする権限が裁判所によって与えられている。すなわち、障害のある人々の考えを代弁することを責務とし、そのための研修を受けた審査委員が、その事業者が行っていることを審査したり、承認したりできるようにされた。

　機関が行っていることについて、個人の権利擁護の視点から良い点や改善すべき点を評価する際には、いくつかの原理が、人権委員会を創設したり再組織化したりするための原則として役立つ。それは、最良の実践（best practices）、環境的な文脈（environmental context）、人格の成長と自己決定（personal growth and self-determination）、個人の最大の関心（best interest of the person）、危険への自由（freedom from harm)、そして、法的問題（legal issues）である。

最良の実践

「最良の実践」は、すべての全体的な方向性を導く最も重要な原則である。機関は、良い、より良い、そして最良のサービスを提供するよう努力し、また処遇の選択肢の有効性も評価する。最良のサービスを確立するためには、研究機関や専門機関の協力を得て、最も効果的で信頼できる処遇方法や研修方法を長年にわたって追求していくことが必要である。それらの実践は、たえず進化している。最良の実践は、いま現在われわれが実施していることについて、別の観点から検討し直すことによって作り出されることもある。しかし、実証的なデータが不十分なために、人それぞれの判断に任されていることが多い。組織の内部や外部のその領域の専門家に、専門的な立場で判断してもらうことは、効果を評価する際に役立つ。専門的判断のためには、その領域について専門的知識を持っている学会員、施設長、専門職の協力を得るようにする。これらのことがうまくいけば、実践がより良いものになるにしたがって、問題の解決がより速くできるようになるはずである。

環境的な文脈

この原則は、障害のある人々が、住んでいる地域社会の日常場面の中で、自己を発揮することによって豊かな人生を送ることができ

るように、いろいろなサービスを作ったり提供することである。最近では、人権の動向は、最も制約の少ない環境から、最も治療的な環境へと、その強調点が変化している。この原則に寄与したものは、連続性と保護に関する協議会（The Council）の見解である。すなわち、サービスを受ける人の人生を左右する条件として、十分で適切な職員配置が重要であるという見解であり、そのためには必要十分な財源とその財産の保護が重要である、というものである（The Council, 1997, p.121）。

個人の成長と自己決定

　自己決定は、物理的あるいは心理的に他者に近づくことを妨げるような事柄を減らしたり変えたりするために、選択を行うこと、と定義される（Dykstra, 1995）。この原則は、障害のある人たちの生活の様式や支援サービスを計画する際に、その人たち自身が主体的な役割を果たすようにすることである。近年、選択については、サンドウィッチにピーナッツバターをつけるか、「あなたの選んだジャム」をつけるか、といったように、過度に単純化されてきた。しかし本来、選択とは、それまでの経験、実際に選択する機会と選択肢、選択するという行為、これらをすべて含む概念である。これらすべてが、適切な処遇を考えるキーポイントとなる（Hayes, 1994）。

　選択によってどのような成果がもたらされたかをきちんと評価することは、障害のある人が生活をどの程度自分でコントロールしているかを示す一般的な方法となっている。

個人の最大の関心

　この原則は、サービスを受ける人の最大の関心が、意思決定・権利擁護・治療的アプローチの基礎となる、という考え方である。サービスを提供する組織のニーズや好みと、サービスを受ける人のニーズや好みとの調整も、人権委員会の重要な仕事である。

危険への自由

　環境にうまく対処する能力として安全を定義すると、リスクを背負うこともあるような環境と関わりを持つ機会と、絶対に安全であることにかかるコストとを、比較してみることが重要となる。人権委員会は、両者のリスクと利益の分析を行う上で、理想的な組織である。しかしながら、安全の名のもとに、さまざまな制約がなされてきたことは、これまでの歴史を振り返れば明らかである。必要以上に保護が与えられた場合、人は自立した個人ではなくなり、また必要以上に依存してしまう傾向がある。「試みる権利」と「失敗する権利」のどちらを尊重するかは、その状況による。けれども、サービスを提供する組織は、このことについても責任があることには変わりない。

　地域サービスプログラムを受けて生活している人々は、概して、自分自身の生活のさまざまな面について、自分で決めて自分でする機会が多い。自分自身の優先順位によって選択をする場合は、職員の考えによって物事を決めていく場合よりも、危険度は高くなる。

時には、何の危険もなくできてしまうこともあるかもしれないが、その時でも、実際には何らかの危険性があったはずであり、サービス機関が地域社会の中で築いてきた良好な関係を損なってしまう危険性もあったかもしれない。

　例えば、ある人が誰にも知らせずに自宅を出て、街で夕方を過ごした場合、その地域の警察や消防署が大規模な捜索を行うことになってしまうかもしれないのである。しかも、もしそれ以上の不適切行動が生じた場合には、その機関にとって重大な問題となってしまう。個人の安全と地域社会の中での関係とのバランスのとれた選択を行うことは、それぞれのサービス機関でいつも留意される事柄でなければならない。人権委員会は、こうした状況の中で、街への外出の機会をどのように提供するかを検討する、理想的な立場にある。

　ナンシー・レイ（Ray, 1994）は、『選択と責任』において、人権委員会に報告されるべき「あってはならない事柄」として、以下の5つのカテゴリーを挙げている。

①重大なケガにつながらなくても、重大なケガが起こる可能性があったり、あるいはそれにつながる重大な危険性がある場合。
②その人自身や他者に重大で直接的な危害がもたらされる可能性が何度も繰り返される場合。
③その人の支援プログラムの利用を脅かすような場合。
④物的損害をもたらす場合。
⑤支援プログラムやサービスの利用者に対して、地域社会が反感を感じてしまうような場合。

このリストはどのようにも変えることはできるが、個々の機関において作成される包括的な検討文章を作る際のひな型として役立つ。

法的問題

法の適正手続き

　法の適正手続き（due process）は、アメリカ合衆国憲法第14修正条項に規定され、いかなる個人も法の適正手続きなしに権利を剥奪されるべきでない、とされている。この条項は、個人の自由に影響を与えるような政府の行為があれば、それは「公正の原則」に一致したものでなければならないし、事情聴取や事前通告のような保護手段をとる必要がある、と解釈されてきた。協議会は、適正手続きを次のように考えている。「不服申立ての機会の保証、事情を聴取されること、十分な説明がなされること、同意・不同意を与えること、やむを得ず権利を制限する場合には公平な関係者（判事など）によって決定がなされること。法の適正手続きの概念は、権利の搾取や不法な制限から人々を守ることを意図している」（The Council, 1996, p.25）。

　法の適正手続きに関して、サービスを受けることによって個人の行為が制限されるような場合には、つねに事前に十分な説明をすることが求められる。説明に対する同意も、どのような行為に対しても求められ、同意は必ず得られなければならない。法律システムは、適正手続きの最も一般的な例である。他人によって、個人の権利行使に関して制限が課せられる場合にはいつも、法の適正手続きが要

求される。法の適正手続きの種類や程度は、権利がどの程度制限されるかによる。より重大な権利であるほど、制限の規模が大きいほど、審査と権利擁護の必要性は高い（The Council, 1996, p.25）

インフォームド・コンセント

　インフォームド・コンセント（informed consent）に関する手続きやプロセスは、いかなる場合にも、十分で、理解可能で、自発的でなければならない。

　　「十分である」とは、関連した情報にもとづいて、個人が合理的な決定をすることができる、ということである。「理解可能である」とは、提案された方法について、理性的な決定をするために、個人が合理的に理解しておくべきすべての情報を持つ必要がある、ということである。そのような情報には、提案された方法に関するさまざまな事柄が含まれる。例えば、成功の可能性、期待される効果や危険性や副作用の可能性・特性・程度・期間、利用可能な合理的な代替手続き、推薦された方法がなぜ第一選択の方法であるかの説明、などである。
　　決定が真に「自発的である」ためには、同意するか拒否するかによって、そのこと自体には何の利益もペナルティも課せられないことを、口頭と文書で知らせる必要がある（Friedman, 1976, p.78-79）。

　これらのガイドラインの原則は、人権委員会が考慮すべきことの基準となる。各々の状況において、それぞれの問題に照らし合わせながら、上記の要素について検討すべきである。人権委員会は、「その問題は健康や安全を脅かさないか？」「提案された行為は公平なデータと一致しているか？」「適正に説明と同意がなされた

か？」について審査する。基本的人権の制限を認める決定をする場合には、重大な責任が伴う。

　人権委員会は、その組織の理想に合致した道を指し示し、ずれが生じた時には組織の指導者に警告を発する羅針盤としての役割を果たす。人権委員会は、これまでに述べた原則を適用することによって、申請された事項を評価するだけでなく、さらに重要なこととしては、すべての組織において時には管理責任者も知らないままに展開されている非公式な組織構造や実践に目を向けさせることもできる。公正でより良い方向に組織を導く原動力として人権委員会を構想することは、とても重要である。

人権委員会とは何か

　人権委員会は、当初、人権の保護や擁護をめぐって高まってきた要求に対して、どのように応じることが公立施設にとって最善であるかを考え始めたことによって生み出された。障害のある人々は、適切な審査や配慮がないままに、効果的な治療と称して、虐待的な取り扱いを受けることが続いていた。また、職員の都合、職員対利用者の比率の低下、粗悪な職員訓練、といった名目のもとで、あるいはその結果として虐待を受けてきた。古典的な例として、食事や就寝、朝の日課が、一人ひとりの好みではなく、職員主体のスケジュールのもとで計画されることがあげられる。幸い、現在ではあまり見られなくなっているものの、ある居住施設では、午後4時30分に全員がパジャマを着て夕食を食べ、午後7時30分には消灯されるということも、未だに見られる。

　施設や研究機関による権利侵害だけでなく、皮肉にも、虐待の疑いについての、利用者の親族による抗議から職員を守る目的で設置される人権委員会があったことにも注目しておく必要がある。すなわち、親族からあらぬ疑いをかけられ不当な扱いをされたと感じた経験を持つ職員は、ほとんど、あるいはまったくといってよいほどそうした疑いへの対応策を持っていないのが普通である。こうした職員は、通常、対応の知識や手段がなく、親や他の親族に立ち向かうことができない。このように、人権委員会は、万策尽きたと思われる職員に対する相談役としても、効果的に機能することができる。

また、人権委員会は、単に、制約や制限、介入を認めるだけではない。望ましい実践が行われていないケースについては、組織の責任者に対して警告を発する、という権限も持っている。

　これまでの経過の中で、法律やその他の行政規則によって、ほとんどすべての公立施設に、人権委員会や行動管理委員会（Behavior Management Committee）が設立されてきた。行動管理委員会は一般に、最大限の生活を経験する可能性を狭める慢性的な不適応行動を軽減したり除去したりするための「行動計画（behavior plan）」について、その技法的な側面を検討するために設置され、その点が人権委員会とは異なる。その形態は多様であるが、民間の組織・機関でもこれらの委員会は着実に広がっている（Spreat & Lanzi, 1989）。この2つの委員会の関係については、後で詳しく述べる。

人権委員会に関する実践的ガイドライン

委員会の権限

　現在、人権委員会は一般に、その組織内部にあって、サービスを受けている人々の権利擁護や権利拡大をめぐる問題の審査・監督をしている。組織の構造に応じて、施設長や理事会からさまざまな権限が与えられている。そして、利用者のすべての可能性が十分に実現されるように、利用者の能力に影響を与える実践や環境設定に関する検討、あるいは虐待やネグレクトの疑いがある出来事の指摘、または資格や権利の行使に影響を与える行動計画に関する審査と監督を任されている。

　委員会がその使命を果たすためには、その方針や手続きが重要となる（付録D）。人権委員会は公式の場で審議を行い、それを議事録にして保管する。人権委員会の活動や承認を監査する倫理委員会を設置している組織もある。

守秘性と匿名性

　守秘性（confidentiality）は、健全な人権委員会にとって明らかに重要な要素である。委員会の委員は、ある個人について知り得た情報を最高秘密として守ることを確約しなければならない。玄関、駐車場、あるいはレストランにおける会話から、情報が漏れるような

ことがあってはならない。

　しかし、審議されている個人の匿名性（anonymity）に関しては、いくつかの問題が残されている。審議されている当事者以外の誰かが当該の問題に関係している場合には、その個人名を明らかにしないことに、ほんどの人は同意するだろう。しかしながら、対象者の身元を委員に知らせないことを徹底し、社会保障番号、身分保証番号、イニシャルなどのみを提示する機関もある。

　一方、審議の対象となっている個人を知らないことの欠点は、その問題の文脈や状況がわからないことである。実際には、人権委員会の委員は、審議されている当事者の経歴や能力などについてある程度知っていることが少なくない。ひどい評判や先入観が植えつけられることを除けば、こうした情報は、審議されている問題の状況をより有効に評価する際に役立つことも多い。そこで、委員に対しては、既知の情報を十分な審議のために利用し、審議の妨げになるようなことがないように、教える必要がある。

個人の権利に影響を与える問題の対応手順

　問題の処置に関わる委員会のプロセスを、簡単なフォーマットで示すことは難しい。一般に問題は、小さなことから始まり、時間の経過とともに拡大していくことが少なくない。職員が、問題行動の外見だけでなく、その問題行動の機能や「原因」を調べる訓練を受けていなければ、他の人にうまくいった方法をそのままの形で繰り返すのは珍しいことではない。したがって、できる限り早く問題の

本質的な部分を理解するために、広範なプログラムについて責任を持ち、非公式なネットワークを比較的うまく調整できる職員を委員に加えておくことが重要である。

問題が拡大すると、典型的には、認定知的障害専門士、ケースマネジャー、あるいは他の責任ある人が、チームで問題の審議に当たるために集められる。彼らは一般に、適切なアセスメントを計画し、学際的チームによる会議を招集する。例えば、本人、親、後見人、あるいは権利代弁者から構成され、職員も含んだチームによって、問題行動を減少させるための介入が計画立案される。最終的に、介入計画は文書にまとめられることが多い。

行動管理委員会は、立案された介入計画について、公平で専門的な審査を行う。この委員会の審査の中心は、技術的な要素や介入によって得られる利用者の利益に関することである。例えば、強化スケジュール、機能的分析、治療としての完全性、などである。行動管理委員会が承認すれば、人権委員会に計画が送られる。行動管理委員会によって承認された計画だけが、人権委員会に提出されるのが一般的である。人権委員会による計画の審査では、権利が制限される程度、それらの制限の合理性と適切性、および個人的な状況に焦点がおかれる。承認されれば、その後に計画が実行される。承認されないときは、認定知的障害専門士かケースマネジャー、学際的チーム、あるいは行動管理委員会に、コメントや改善点を添付して差し戻される。困難な問題について計画を立案するやり方や、組織的なプロセスを経る方法については、付録Bに示したので参照してほしい。

この図は、行動監理委員会と人権委員会の関係を示している。2つの委員会の間の流れは、個人の成長を促し押し上げるためのダイナミックなプロセスである。行動管理委員会と人権委員会の連携は重要である。それぞれは個々に、全く異なった立場から計画を評価する。技術的には完全に見える計画でも、個人の人権が偶発的、不可避的、あるいは不必要に制限されていることもある。その逆の場合もある。権利擁護に関してしっかりしている計画でも、強化スケジュールが効果的でないこともある。行動管理委員会と人権委員会の両者によって審査され承認された計画は、効果をもたらす最大限の可能性と最小限の制約を併せ持っている（Spreat & Lanzi, 1989）。

人権委員会の審査の進め方

　人権委員会は、サービス利用者の人権を積極的に擁護しようとしている機関の中で、価値ある役割を果たす。さまざまな背景や人生経験を持つ委員が、詳細な審議を行う。特定の問題を審査する際に、委員会では数多くの事柄について検討する。スプリートとランジー（Spreat & Lanzi, 1989）は全国調査を行い、制限のある、あるいは嫌悪的な行動変容手続きを人権委員会が審査する際には、表1に示した情報が検討されていたことがわかった（この表は、審査の対象としたと回答した機関のパーセンテージを示している）。

　十分な審議の中で問題を即座により正しく捉え、一連の質疑応答を十分な形で行うための手引として、「人権委員会チェックリスト」（付録A）が作られている。いつ、どこで、誰が、何を、どの

表1　人権委員会の審査の検討事項

内　容	%
安全性	89.4
適切な同意	79.3
継続的な検討	77.9
臨床的な適切さ	65.4
公共の不快さ	63.9
職員教育／手続きの実施しやすさ	33.2

（Spreat & Lanzi, 1989）

ように、ということが重要な要素である。

　最初の質問において、誰がその行動を起こしたか、どのような状況で生じたのか、を明らかにする。「その人の生活に何が起きているか」というような質問が、その意味をよく表している。その他に、以下のような事柄がある。

□関連するデータ、提出された制限に関する記述、介入、あるいは代案についての検討。インフォームド・コンセントが得られているか、誰によって得られたかの確認。
□制限によってもたらされる影響に関する記述。
□実際に行われている代案やその成果。
□提出された制限、介入、あるいは代案に関する理論的根拠。
□本人、家族、友だちなどによる見通し。
□誰が手続きを実施するか、そして必要な訓練が行われるかに関する情報。
□必要があれば、行動管理委員会の承認や改善勧告。
□制限された権利を回復するための基準、および基準を達成する

ための指導方略。
□手順、期日、人権委員会の改善勧告の検討。

このチェックリストは、十分に検討された改善勧告を出すために、各々の問題に関して、委員会が詳細な審議を行うための一つのひな型として役立つ。

人権委員会に共通する問題

人権委員会には、行動計画に関する公的な問題が持ち込まれることが少なくない。残念なことに、その多くは、向精神薬の使用に関する問題である。次の例は、人権委員会に提出される典型的な例である。

ジョン・スミスさん（32歳の男性）は、暖炉のレンガに頭を打ちつける自傷行動がある。毎日4回から6回程度、自傷行動を行っていた。過去に、自傷によって生じた傷に対して医学的な治療が行われていた。現在、訓練された職員によって、行動的な介入計画が実施されている。自傷行動が始まったときには、自分自身を傷つけることから保護するための制限として、職員が腕で身体的に拘束する、というものであった。スミスさんは、この行動について、医師からゾロフト100mgを処方されていた。

先週、職員は、自傷の回数が1日8回から10回程度に増え、その程度もひどくなっていることに気づいた。2度にわたって救急救命室にも運ばれた。現在、スミスさんの母親は手術を受けて入院しており、自傷の増加は、彼が最近母親を見ていないことに関係しているのではないか、と考えられた。またスミスさんは、医師のフォローアップ面

接を受けていた。

　この例では、スミスさんの権利は2つの点で制限を受けている。まず、医師と職員による向精神薬と身体的拘束の使用である。この計画は、技法的な側面について行動管理委員会で審査され、改善点が添付されて人権委員会に照会されてきた。人権委員会の役割は、現在のあるいは申請されている権利の制限を検討することであり、他の治療的な選択肢がとられたときに、最も制限の少ないものであるかどうか判断するための、利益とリスクの比較考察を手助けすることである。委員は、問題となっている状況について、さまざまな側面から審議する。そして、この情報を引き出すために考えられた手段を用いることによって、権利に関するすべてのことを考慮するように努力する。

　人権委員会におけるそれ以外の審議事項には、しばしば文書化されないままの、組織が認めた非公式の実践や状況がある。以下は、その例である。

　ある時、ある女性に会いに小さなグループホームを訪ねた人が、そこで丁寧に頼んでトイレを借りた。訪問客は、トイレットペーパーがないどころか、ティッシュすらないことに気づいた。ティッシュがあるかどうか少し探したが、何も見あたらなかった。後で、職員にこのことを伝えるべきだと思い、トイレットペーパーを補充する必要があることを、恐る恐る伝えた。
　職員は振り向き、「トイレには、もうトイレットペーパーを置かないようにしているんですよ」と答えた。訪問者は少し困惑し、「なぜ？」と尋ねた。

「そうですね。ここには、トイレットペーパーを引っ張り出し、ティッシュも空にしてトイレに流し、詰まらせることが好きな女性がいるんです。そのため、私たちは、トイレットペーパーを冷蔵庫の上の鍵のかかった戸棚にしまっています」と、説明した。「トイレを何度も直さなければならず、しかもそれがしばしば真夜中だったために、保守管理者が腹を立てたことが、このことの始まりでした。そして、施設長は、『あなたたちが経費を節約しない限り、今年は賃上げをするつもりはない』と言ったのです。それで、われわれは考えを出し合って、このアイデアに行き着いたのです。それが功を奏して、その後トイレは詰まらなくなりました」
　「そうすると、トイレットペーパーが必要なときはどうすればいいんですか」と、訪問者はしつこく尋ねた。
　「台所に来て、職員に頼むと、戸棚の鍵を開けて、その都度少し切ったトイレットペーパーを渡します」と、職員は答えた。

　この状況では、職員は善意で「正しい」ことをしようとしている。彼らは、サービスを受けている人々（頻繁に、壊れたトイレを使わなければならない）、施設長（経費削減に関心を払う）、同僚の職員（賃金が上がることを望む）、そして保守管理者（壊れたトイレを繰り返し修理しなければならないためにイライラした）を喜ばせたい。けれども、彼らの努力にもかかわらず、そこに住んでいる人々は、トイレットペーパーの使用に制約を受けているのである。これは、職員の実践の結果として、非公式な形で権利の制限が行われている例である（注意すべきことは、その家に住んでいる人や直接支援している職員を除いて、誰もこの実践に気づいていない、ということである）。
　潜在的な権利の制限がどのようなものであっても、客観的な審議

が最も役立つ。一般に組織は、人権委員会に対して、状況を検討し改善勧告を行う権限を与えている。そして情報は、議事録やその他の方法を通して、状況を知っておく必要のある施設長に届けられる。自分の機関の中で起きていることに驚かされることを好む施設長はいない。

その他の留意事項

機械的承認の危険性

何でもかんでもすべての事柄を承認してしまうという機械的なパターンは、権利について慎重に審議しないことによって生み出される。そしてこれは、組織が陥りかねない落とし穴となる。権利擁護に進歩的な立場を取る意思のない組織は、そこに落ちやすい。人権委員会の委員は、人々の感情を批評したり傷つけたりしたくはないかもしれない。臨床的に信任された行動管理委員会の委員によって、すでにプログラムへの改善勧告が出ているために、改めて審査することに躊躇を感じるかもしれない。あるいは、要求されている専門性が自分には欠けている、と感じるかもしれない。

人権委員会の委員は、臨床的な専門性によって選ばれるわけではない。したがって、その点について十分ではない委員もいる。障害のある人々に対して、公平かつ客観的に権利を擁護することが求められているのである（もちろん、専門の領域に関する知識が役に立つことは確かである）。委員は、障害の分野の知識を有する人間として、短期的リスクと長期的リスク（例えば、向精神薬療法の効果

と、遅発性運動障害のような潜在的で不可逆的な副作用）の比較検討を求められる。

委員に外部の代表を加える

　人権委員会の委員には、雇用関係や契約関係を持たず公平な見解を述べることができる人が多く含まれることが望ましい。外部委員は、当該の機関とは異なる見解を示すことができ、利害関係がぶつかる危険性が少ない。複数の機関が連携し、互いの人権委員会が協働するような場合もある。委員の募集は、その地域の医療関係者、自治体関係者、宗教者、あるいはサービス機関の中からでも可能であろう。

適時性

　適時性（timeliness）の問題は、人権委員会の審議ではきわめて重要である。付録Bのフローチャートは、理想的な流れを示したものである。しかしながら、内部の争いや部局間の争い、不適当な方針や手続き、あるいは十分に訓練されていない職員といった組織的な問題によって、計画の実施が遅れることがある。こうした障壁については、いくつかの点を調整・修正することが役立つ。すべてのチェックポイントに従って計画を進めることは重要ではない、と言っているわけではない。それは不可欠なことである。例えば、現実的な時間的制限が、システムを考える上で助けとなるだろう。もし、システムがあまりにも厳密すぎると、問題を隠蔽したり抜け道を作るようになる。逆に、システムがあまりにもあいまいだと、ど

んな基準を設定しても意味がない。当然のことながら、両方のバランスが取れていることが望ましい。

人権委員会の付加的な役割

異常な事態の究明、利用者のケガや行方不明などの事態にまで、人権委員会の役割を拡大しようとしている機関もある。異常な事態の究明における人権委員会の役割はきわめて貴重であるが、費用がかかる。拡大された責務を担う場合、人権委員会の長所は、委員が客観的で調査的な視点から問題を精査することに慣れていることである。人権委員会を設置している機関、あるいは委員会の機能を検討している機関は、こうした付加的な役割の適合性を考慮するために、十分な助言を受けるべきである。

異常な事態を究明する人権委員会の役割は、その事態に対して組織が適切な対応を行う上で、きわめて重要である。「異常な事態」には、一般に以下のような事柄が含まれる。

- □重傷を負ったり、死亡した場合。
- □刑事上の違法行為。
- □職員が関係した虐待、ネグレクト、搾取。
- □意図的に、自らまねいたケガ。
- □その他、最初の反応が「えー、うそー！」となるような事態。

公立施設において一般に用いられている質の保障とケガに関する審査システムを、そのままの形で地域の機関にも導入すべきではな

いことに留意しなければならない。それらのシステムは、概して、利用者のケガに対する職員の過失を立証したり、政治家によって財源が確保されたシステムの中できちんとした文書を提出したりするようなことに重点が置かれているからである（Ray, 1994）。

　地域にある機関の場合には、状況はまったく異なっている。それらの組織においては、現在はっきりしている問題や潜在している問題をしっかりと検討するためのセーフティネットを創り出し、個人の選択の機会を支援することに、力を入れるべきである。障害のある人が自分で意思決定できることが増えるように、人権委員会はそれを希望している人たちにどのような選択肢が必要かを議論する場を設けたりする。

　人権委員会は、上記のような事態の発生に関係しているおそれのある現在の実践を審査したり、過度に防衛的で閉鎖的な領域を作り出さないようにする組織の対応を支持する際には、公平に審議するという役割に重点が置かれなければならない。後ろも前もきちんと見ていく能力こそが、「真北」（正しい方向）を指し示す組織の「羅針盤」としての役割を果たす上で、きわめて重要である。

　特に重要なことは、いろいろな考えを持つ人々の意見を聞く場としての役割である。例えば、前述のトイレットペーパーの問題について言えば、他の審議の場あるいは調査委員会の機能を持つ人権委員会に提出されることによって、権利の制限が明らかとなり、委員会はそれに代わる別のアプローチを勧告することができるのである。従来の人権委員会では、こうした役割が十分認識されていたとは言えないかもしれないが、現在の人権委員会は、どのような形であっ

ても権利が制限されているような事態があれば、それに積極的に取り組もうとしている。トイレットペーパーの問題は、実際には、その組織にマイナスの影響を与える大きな問題の一つの現れにすぎないのかもしれない。

　あなたの機関の中で、あなたの知らないところで、一体どのようなことが起こっているのか？　あなたの機関の羅針盤は、いつも正しい方角を指しているのか？

人権委員会の決定に対する不服申立て
　サービスを受けている人たちには、人権委員会が承認した制約、制限、介入、その他の事項について、不服申立てを行う権利がある。委員会の決定そのものを順序よく見直せるように、不服申立ての手順を組織の方針や手続きの中にきちんと組み入れておくことが大切である。

最後に
　行政官や監督責任者の賠償責任保険証書では一般に、組織の最高の意思決定権を持つ立場だけが保証されている。そのため、人権委員会は、組織としては、その機関の方針を決定する立場にある人に助言と勧告を与えるものとして位置づけらている。(「よくある質問とその答え」を参照)

人権委員会の設置と構成

　以下では、人権委員会の構想や構成について考慮すべきことを解説する。実際、本書執筆の目的の一つは、人権委員会についての考え方に刺激を与え、いろいろなアイデアを交換する場を提供することである。一般に、こうした点について述べているものはあまりなく、ましてある特定の方法論に関してはほとんど見あたらない。

委員の構成──委員として誰がふさわしいか？

　人権委員会の構成は、アメリカ各地の機関ごとにさまざまである。通常は、1名の委員長と何名かの委員で構成されている。会議は、毎日、毎週、毎月、あるいは3ヵ月に1回程度の割合で開催されている。理想的には、サービス専門職、直接処遇職員、医療関係者、その他の人たちが委員となる。有給雇用職員、ボランティア、そして関心のある地域の人で、委員のバランスが取れていることが望ましい。立場が違うことによって、会議では委員それぞれの経験が反映される。審議においては、機械的なやり方ではなく、創造的なやり方が望ましく、委員の立場の多様性がこうした審議のプロセスに役立つことが多い。有給職員を除いて、委員の役割はほとんどがボランティア精神にもとづくものであり、委員の仕事に対して報酬は支払われないのが一般的である。

　通常、委員の任期は1年で、1年毎に更新できるようになってい

る。この任期制は、委員会の構成と有効性を定期的にチェックする上で役立つ。

委員の役割・資質・資格

　委員の職種はさまざまである。そして、先ほど述べたように、委員会の中で多様性があることが望ましい。無記名式の質問紙を用いたスプリートとランジー（Spreat & Lanzi, 1989）の研究では、「典型的」と判断された人権委員会では、10名程度の委員がいることが報告されている。ただし、その範囲は3名から25名であった。この研究で明らかにされた、委員の人権委員会以外での主な役割や関係を、表2に示した。

表2　人権委員会の構成

委員会以外の役割	%
施設職員	39
親	14
知的障害に関する外部の専門職	12
親以外の権利代弁者	10
弁護士や牧師	7
知的障害のある人	5
その他	13

（Spreat & Lanzi, 1989）

　また、この研究では、84％の委員が、その機関自体または州の関連機関の関係者であることが示された。ほとんどあるいは全くその機関に関係しない委員は、7％にすぎなかった。（1990年の基準では、少なくとも委員の3分の1が機関と無関係であることが望ましい、とされている）

人権委員会の委員にとって最も価値のある役割は、委員会以外の役割には関係なく、他の人の生活を客観的に見、その人の生活の質を改善するためのアイデアを考えることである。障害のある人は、その人自身の生活経験にもとづいて意見が言えることから、委員会にとって特に貴重な存在である。委員会の改善勧告によって生活に強い影響を受ける可能性がある人々に関する審議では、著しい権利の制限を受けたことのある人が加わった方が、委員会全体のダイナミクスが大きく変わる。

　人権委員会の委員の最も重要な資質は、個人の権利擁護と権利拡大を最優先に考えることともに、情報を分析し、可能な選択肢を出し合い、そのプロセスを通して思いやりを持ち続ける能力である。こうしたスキルの上達は、委員会の使命に大きく貢献する。委員会以前に当該の問題に関係する仕事をしていた委員は、審議の中では特にその役割が重要である。

委員長の役割・資質・資格

　委員長の役割は、委員会のすべての活動を調整することであり、最終的に、情報を統合し、合意を得て、施設長に改善勧告することである。理想的には、委員長と委員会に出席している人々とに権限の境界線がないことが望ましい。そのことによって、人権委員会の会議で、情報を提供する管理者と構成員との間で、本質的な関心の矛盾が生じる可能性が低くなる。リーダーシップがあり、周囲から尊敬されている人が、委員長としては最もふさわしい。

委員に対する任命時研修と在任中研修

委員が人権に関する情報や関連した重要な課題についてつねに新しい知識を持つために、委員の研修や教育の機会を設けることも、人権委員会に課せられた責務である。学習が強調されることによって、委員会全体がチームとして成長し続けることができる。研修や教育は、いろいろな参考文献や資料を用いて、集団学習や個別学習の形で行われる。また、機関が貸し出したり管理しているビデオテープが多数ある。委員のために特別講師を招いている人権委員会もある。また、関連する政策、文献、議事録、メモによって、一冊のノートを仕上げることは、各委員にとって非常に有効であり、情報のまとめとしても役立つ（推奨されている参考文献を付録Eに示した）。スプリートとランジーが調査した機関では、人権委員会の委員の研修が、表3のような内容で実施されていた。

表3　委員の研修

内容	実施率（%）
利用者の権利	76.9
行動変容法	51.9
インフォームド・コンセント	51.4
知的障害	46.2
権利擁護	43.4

（Spreat & Lanzi, 1989）

会議の回数

人権委員会においてつねに確認されるべき問題の一つは、適時性である。それぞれの組織では、審査される議案の数にもとづいて、どのくらいの頻度で人権委員会を招集するかが決定される。多忙な委員を、急に、あるいは頻繁に召集することは難しい。そこで、次回の全体の人権委員会や臨時会議が開催されるまでに、委員長と小委員会が審査すべき計画の予備審査を行うことが望ましい。通常、組織の規模が大きいほど、会議の回数は多い方がよい。（スプリートとランジーの研究では、表4に示したように、半数以上〔56.3％〕で毎月開催されていた）。

表4　人権委員会の会議の回数

定例の会議の割合	1年間の会議数	実施率（％）
毎月	12	56.3
3ヵ月毎	4	12.5
隔週	26	11.1

（Spreat & Lanzi, 1989）

予定表・通知・招集

ボランティアの委員が前もって計画を立てられるように、予定されているすべての人権委員会の会議日程を記入した年間予定表を作成することが望ましい。例えば第1月曜日というように、定期的な日程は、委員にも申請者にも助けとなる。会議に出席できない場合には、あらかじめ委員長に手紙か電話で連絡しなければならない。

申請された議案の処理に十分な人数の委員が出席できるかどうかを、委員長は確認する必要がある。委員長、認定知的障害専門士、ケースマネジャー、職員など多くの人が、人権委員会のための情報や資料を用意しなければならない。人権委員会の会議日程を再調整する場合は、すべての委員に通知しなくてはならない。

　一つの効果的なやり方は、会議の1週間前に、議題とできれば前回の簡単な議事録を含めた通知を送付することである。そうすることで、委員会の次回会議のテーマが明確になる。

　また、人権委員会の予定表は、機関の所属長や期日を通知する必要がある管理的業務の職員にも送付せねばならない。多くの機関では、認定知的障害専門士やケースマネジャーが、会議日程の情報の管理や準備を担当している。

　行動計画は、審査期日を含め、審査に必要な内容をすべて備えたものでなければならない。審査日を間違えると期限切れの計画となり、もしその計画が実行されても、人権委員会や行動管理委員会、それに外部の規制団体は、その実施を無効とみなすことになる。

　参考人の招聘は、もしその人が必要とされれば行うべきである。例えば、委員の限られた知識の中で、委員会が複雑な問題を審査する場合、異議がなければ当該の問題について説明をしてもらうために参考人に来てもらうこともある。通常、参考人は会議のその部分だけ在席する。当該のテーマの専門家には、薬剤師、専門医、障害の専門家などが考えられる。認定知的障害専門士やケースマネジャーといったサービスのコーディネーターは、各委員が問題の「全体像」を理解する上で役に立つと思われる人についても、招聘を広げ

るべきである。デイプログラムと居住プログラムの代表者は、行動の異なった要素を見ても、同じような見解を示すことが多い。

会議次第・署名用紙・議事録

　会議次第は、人権委員会の会議の流れを示したものであり、会議を進める上で役に立つ。提案者の時間配分、重要な審議事項、問題の重点を明示することは、会議を効率的に運営する助けとなる。

　人権委員会の会議での出欠確認は、継続性と記録保管の面から必要である。委員の名前、サイン、肩書き、機関との関係についても、記録をつけておく。

　人権委員会の会議では、毎回、議事録を取る。地方・州・連邦政府の監督部局は、機関の監査を行う際に、しばしば議事録の閲覧を要請する。委員長は議事録の作成を１人の委員に依頼することが多いが、審議に時間がかかったりする場合には、他の人にも依頼しておくと、議事録はより正確になる。委員は会議終了後に議事録原稿を確認し、間違いがないか慎重に点検する。修正された最終原稿は、（可能であれば）活字にしてまとめておく。また、審議の中で取り上げられた薬物や投薬量は正確に記入しておく。過去の議事録を参照する時や、委員長や委員が情報を得たり、その出典を確認したりする時には、人権委員会の議事録専用のバインダーがあると役に立つ。

情報と説明の形式

　人権委員会の会議は、委員の間で望ましいとされた形式にのっとって行われる。最低限度の形式としては、認定知的障害専門士や審議事項の説明をする職員は、委員が必要とする情報を提示し、委員全員にコピーを配布する。コピーは会議終了後に回収し、秘密保持のために廃棄する。委員長の進行の下、各委員は説明者や関係者と質疑応答を行う。このプロセスは、職員や関係者が行った観察や、提出された情報について質問し、それに対する説明を求めるという形式で進めるとうまくいく。この形式を踏むことで、提出された文書に加えて十分な情報を集めることができ、可能な解決法や代替法が明確になる。

　人権委員会の会議でのブレーンストーミング（思いつくままアイデアを出し合う解決法）は、かなり過小評価されている。組織の部局責任者全員と人権委員会の委員が集まり、当該の事案について話し合うだけで、代案や選択肢がまとまることも少なくない。こうした話し合いを参考にして、最終的には委員長と委員が、申請された計画を承認するかしないか、あるいは修正点や改善点の有無について決定を下すことになる。この委員会の正式な承認を経てはじめて計画は実行に移されるべきであり、その際には、行動管理委員会に指摘された事項は修正・改善されていなければならない。

　多くの場合、行動計画は、定期的に、少なくとも１年に２回は見直されることが望ましい。この点についてわれわれは、承認する際に実施期間を６ヵ月以内と取り決めておくことを推奨している。も

ちろん、個々の状況に応じて、もっと短い期間とすることも考えられる。

よくある質問とその答え

人権委員会は何を審査すべきなのですか？

　人権委員会の重要な仕事は、個人の権利が不当に制限されないようにすることです。したがって、見張り役としての仕事、すなわち組織の活動、行動変容計画、社会的移行計画等の審査・監督が、重要な職務となります。さらに言えば、一つの組織に、特別な問題を取り扱う専門委員会があれば、さらに良いでしょう。例えば、抜歯、不妊手術や避妊法、痛みを伴う処遇や嫌悪的な処遇、心肺蘇生不処置（DNR）に関わる医療手順、後見制度、金銭管理などの専門委員会があると役に立ちます。

法的後見制度について教えてください

　州によって違いはありますが、通常、子どもが18歳から21歳の成人年齢に達するまでは、親が法的な後見人とみなされています。成人の年齢に達した後は大人とみなされ、自分自身が後見人の役割を果たすことになります。後見人を変更する場合には、法的な手続きをとる必要があります（障害のある人の場合、成人年齢に達した後も、親が引き続き後見人となることが少なくありません。しかし、これは特例と考えるべきです）。

　成人になっても本人以外の人が後見人になることは、最も一般的な、個人の権利の制限の一つと言えるかもしれません。「後見人は、自分自身で意思の決定が難しい人の代理として、その人のために決

定を下すことについて、法的な権限を持つ人である」(Friedman, 1976)。後見人は裁判所の審査によって選任され、その審査では、当人がその人の責任に関わる事項の一部あるいは全てについて、自分自身でできる能力があるかどうかが検討されます。能力に制限があるとみなされた場合に、後見人が選任されることになります。後見人に関する法律にはいくつかの制限が規定されていますし、両人に対して法律で定められた文書を作成します。

　後見人に選任された人は、当人が自分の権利を行使するように助けたり、意思決定を助けなければなりません(The Council, 1994)。後見に関する法律は、州によって異なります。

　「後見人制度は社会サービスの一つである、と言われることがある。しかし、後見人制度の本来の意義は、障害のある人当人から選択権の委任を受け(それを後見人に委託し)ていることにあるが、地域社会の社会サービスは、その選択権の幅を広げてしまっていることがある」(Friedman, 1976)。人権委員会がその責任を委託される場合と同じく、障害のある人の権利擁護を正しく行うにはさまざまな注意が必要とされます。後見人について定期的に再審査を行うことは、その選任が当人の利益になっていることを確認する上で、大切なことです。また、生活状況が変わり、その人のスキルや能力が高くなった場合には、意思決定に関する責任を当人に返すべきです。「個人の法的な遂行能力は、その人が自分自身に関する事柄を遂行する能力があると法的に認定された場合には、その人個人に回復することができる」(Friedman, 1976, p.51)

　人権委員会が後見制度に関わる場合、考慮すべき重要な事柄が２

点あります。一つは、後見人は、当人の生活のいくつかの側面について独占的な決定権を持っている、ということです。そして、その決定権が、場合によっては、選任された後見人のタイプによって限定的なこともある、ということです。多くの州では、経済的な事項やある特定の事項に限定して後見人を選任することが、特例ではなく一般的なこととされています。もう一つは、後見すべき範囲に限定があるかどうかには関係なく、人権委員会としては、後見人自身が当人の利益のために決定をなすことをいつも自覚するように、強く働きかける責任がある、ということです。

地域社会の組織に設置された人権委員会の委員は、人権委員会が下した決定について、個人として告訴されることがあるでしょうか？

人権委員会の役割を行政・管理上の責任者や部署への助言勧告と規定することの利点は、行政官や管理職の賠償責任保険に関係している人に、その決定権の責任を負わせる、ということにあります。人権委員会に関係する訴訟はきわめてまれですが、一つの助言としては、あなたの州の関係法令について、あなたが属する組織の顧問弁護士から専門的なガイダンスを受けることです。確かに、こういう問題は、人権委員会の委員にとっては、真剣に考えなければならない問題です。告訴されることを重大事と考えてしまう場合には、ボランティアとして委員になることは難しいでしょう。

人権委員会と行動管理委員会の連携に、時間とお金と労力を惜しんではならないのはなぜですか？

もし時間とお金と労力が両者にとって唯一の目的であれば、この質問は的を射たものです。しかし、各々の委員会の目的は違います。行動管理委員会は、通常、行動科学に関する専門的な知識・技術を持ち、申請された計画のメリットを的確に評価できる人たちで構成されなければなりません。一方、人権委員会は、権利擁護の立場から、申請された計画のメリットとデメリット、およびその妥当性について公正に判断できる人たちで構成されなければなりません。

人権委員会に諮られる問題は、匿名にすべきでしょうか？

理論的に言えば、匿名であることは、客観的で公平な審査を行う上で役立ちます。しかし、実際には、諮られる問題が単にケース番号で提出されるよりも、当事者の名称や氏名を付けて提出される方が、審査が慎重に行われることが多いのです。通常、実際には、きわめて大きな組織でなければ、提出された書類から申請者の特定ができないということはありません。

もし、人権委員会の会議で、自分のことが議題となることを好まない人がいたら、どうしたらよいでしょう？

人権委員会は、その組織の中で唯一の聴取先というわけではないはずです。相談者の秘密が守られ、しかも別の手段で問題を訴えることもできるようにしておくことが望ましいのです。定期的にチェックすることを前提とした留守番電話、ホットラインや相談受付部署の設置などが考えられます。人権委員会の委員長は規定上中立の立場にあり、相談や申し立ての電話を受けたり、その後の対応をす

る上で、一番ふさわしい立場にいます。

次の人権委員会の会議まで、3ヵ月も待てません。私の問題は切羽詰まっています。どうしたらいいのですか？

　確かに、問題の内容によっては、待てないこともありますし、待つべきでないこともあります。実務レベルで不要の遅れを生じることなく、人権委員会の権利擁護のための審査や助言機能を果たす方法は、いくつかあります。一つは、会議の回数を増やすことです。そうすれば審査は速くなります。しかし、その場合、外部委員の招集が難しく、特にボランティアの場合には難しくなります。

　もう一つの方法としては、次の会議までに小委員会を開き、小委員会の審議にもとづいて仮の判断を下す権限を委員長に与える、という方法があります。この方法だと、ボランティアの委員にあまり負担をかけず、審査のスピードも速くなります。こうした「予備審査」手続きは、人権委員会の委員長が認定知的障害専門士やケアマネジャーとの協議の中で、当該の問題について非公式な形で広く意見を集める良い機会にもなります。

人権委員会が審査によって、申請された計画やプログラムを認めない、という判断を下した場合、委員会はその後どうするのですか？

　人権委員会が審査の際に果たすべき役割は、申請された計画やプログラムが承認に値するものかどうか細部まで慎重に分析すること、必要な場合には修正すべき事項を示すこと、より良いものとするために役立つことがあれば提案すること、です。したがって、計画や

プログラムに承認できない部分があれば、それらの事項をきちんと明示し、申請者が今後その計画を十分な形でできるようにするために参考となる事柄を提案する、という形をとることになります。こうした審査決定書類は、行動管理委員会や地域支援チームには技術的な配慮事項を添付した形で通知され、また認定知的障害専門士やケースマネジャーあるいは多専門職チームには手続き上の配慮事項やアイデアを添付した形で通知されます。人権委員会によって却下された計画やプログラムをそのままの形で実行することは、許されません。

施設職員等が、行動問題のある人の処遇の中でケガをしたような場合にも、人権委員会は何らかの役割を果たすのですか？

　人権委員会の中には、施設職員のニーズに対しても責任を持つものもありますが、現実にはそのような機会は少ないようです。おそらく、所属する組織の他の部署が、そうしたニーズに対応するようになっているためでしょう。例えば、人権委員会とは全く別の委員会を設けて、そうした問題を取り扱っているところもあれば、職員研修の場で、そうした問題を取り上げているところもあります。そのほかにも、多専門職チームにこうした問題を諮問したり、特別プロジェクトを立ち上げたりする場合もあります。最も良い方策は、こうしたケースは個別に扱い、それぞれ専門的な立場で検討するようにすることでしょう。

私たちは、障害のある人たちが各人の権利にもとづいて十分なサー

ビスを受けられるように、毎年どのようなことをすべきでしょうか？

　多くの組織では、その組織で定めた「権利要綱」を毎年見直したり再確認する機会を設けています。権利要綱を読み上げることは、一般には「権利読み上げ（Mirandizing）」と呼ばれていますが、それだけでは、障害のある人が自分の権利を理解したり、権利をどのように行使するかを知ることにはつながりません。それは一つのきっかけとしては良いかもしれませんが、権利教育として、別に時間をかけて着実に教えていく必要があります。権利教育に役立つものとして、「権利ビンゴ」などいろいろなものが工夫されています。従来の一方向的な教え方ではなく、やり取りのある教え方の方がずっと効果があるようです。

人権委員会の会議の中で、委員会としての意思決定や提案は、どのような形でなされるのでしょうか？

　一つの審議事項が提出されると、委員長はその事案についての協議を委員に求めます。委員が認定知的障害専門士に質問して理解を深め、申請されたものの細部について賛否を決めていきます。このようなプロセスを通して、最終的に最善の計画を作り上げ、提案する事柄を決めていくのです。

　委員会がどの程度の形式をとるかは、それぞれの委員会によります。ロバート議事規則（Robert' Rules of Order）に従って会議を進める委員会もあれば、形式がかえって議事の妨げになる場合もあります。

最終決定をする際に全会一致を原則としている委員会もあります。委員全員の意見がまとまるまで議論を尽くすのです。一方、全会一致ではなく「大多数の一致」を原則としている委員会もあります。この場合は、委員の大多数の賛成を得ることが、決定の要件となります。どのような方式をとるかは、委員会や組織全体のニーズによります。

付　録

付録A　人権委員会のチェックリストの例

- 委員会が特に注目すべき人は誰で重要事項は何か。

- 問題となっていることは何か。

- 関連するデータは何か。それは何を示しているか。

- 申請されている計画で、権利の制限はあるか。

- インフォームド・コンセントは行われたか。また、誰によって行われたか。

- 申請された制約・制限・介入・援助によって、その人の生活へはどのような影響が考えられるか。

- どんな代案が試みられているか。

- その成果はどうか。

- 申請された計画が推奨される根拠は何か。

- 申請された計画における制約・制限・介入・援助について、サービス利用者はどのように捉えているか。

- サービス利用者の家族や友人などはどのように考えているか。

- 誰が手続きを実行するか。その人はどのような訓練を受けるか。

- 申請された計画は、行動管理委員会の承認を受けているか。

- 介入や措置、あるいは制約や制限されている権利を元の状態に戻す基準は何か。

- 基準に到達するためにどのような指導・援助方略をとるか。

- 審査の手順はどのようなものか。見直しの期日はどうか。

- 委員会の助言・改善勧告はどのようなことか。

付録B　行動管理委員会と人権委員会のフローチャート

```
┌─────────────────────────────────────────┐
│ 自然な環境ではコントロールできない、または社会的移行の必 │
│ 要性があると判断されるような行動上の問題が生起する。   │
└─────────────────────────────────────────┘
                    ↓
┌─────────────────────────────────────────┐
│ 認定知的障害専門士やケースマネジャーが、支援チームの会議 │ *
│ を計画する。                             │
└─────────────────────────────────────────┘
                    ↓
┌─────────────────────────────────────────┐
│ 支援チームは問題を検討し、介入方法について助言する。    │
└─────────────────────────────────────────┘
                    ↓
┌─────────────────────────────────────────┐
│ 認定知的障害専門士やケースマネジャーのリーダーシップのも │ *
│ とで、支援チームによって援助計画が立案される。        │
└─────────────────────────────────────────┘
                    ↓
┌─────────────────────────────────────────┐
│ 行動管理委員会は援助計画の技法上のメリットについて審査し、│
│ 人権委員会に送付するか、支援チームに差し戻す。       │
└─────────────────────────────────────────┘
                    ↓
┌─────────────────────────────────────────┐
│ 人権委員会は、権利に関する側面について審査し、計画を承認 │
│ するか、あるいは支援チームまたは行動管理委員会に差し戻す。│
└─────────────────────────────────────────┘
                    ↓
┌─────────────────────────────────────────┐
│ 援助計画を実行する。                       │
└─────────────────────────────────────────┘
```

*は、人権委員会によって非公式にコンサルテーションされるところ

付録C　国際連合による「知的障害者の権利宣言」
一般総会決議2856（XXVI）　1971年12月20日採択

　総会は、国際連合憲章のもとにおいて、一層高い生活水準、完全雇用および経済的、社会的進歩および発展の条件を促進するためこの機構と協力して共同および個別の行動をとるとの加盟国の誓約に留意し、この憲章で宣言された人権と基本的自由並びに平和、人間の尊厳と価値および社会的正義の諸原則に対する信念を再確認し、

　世界人権宣言、国際人権規約、児童の権利に関する宣言の諸原則並びに国際労働機関、国連教育科学文化機関、世界保健機関、国連児童基金およびその他の関係機関の憲章、条約、勧告および決議においてすでに設定された社会の進歩のための基準を想起し、社会の進歩と発展に関する宣言が心身障害者の権利を保護し、

　かつそれらの福祉およびリハビリテーションを確保する必要性を宣言したことを強調し、知的障害者が多くの活動分野においてその能力を発揮し得るよう援助し、かつ可能な限り通常の生活にかれらを受け入れることを促進する必要性に留意し、

　若干の国は、その現在の発展段階においては、この目的のために限られた努力しか払い得ないことを認識し、

　この知的障害者の権利宣言を宣言し、かつこれらの権利の保護のための共通の基礎および指針として使用されることを確保するための国内的および国際的行動を要請する。

1．知的障害者は、実際上可能な限りにおいて、他の人間と同等の権利を有する
2．知的障害者は、適当な医学的管理および物理療法並びにその能力と最大限の可能性を発揮せしめ得るような教育、訓練、リハビリテーション及び指導を受ける権利を有する。
3．知的障害者は経済的保障及び相当な生活水準を享受する権利を有する。また、生産的仕事を遂行し、又は自己の能力が許す最大限の範囲においてその他の有意義な職業に就く権利を有する。
4．可能な場合はいつでも、知的障害者はその家族又は里親と同居し、各種の社会生活に参加すべきである。知的障害者が同居する家族は扶助を受けるべきである。施設における処遇が必要とされる場合は、できるだけ通常の生活に近い環境においてこれを行うべきである。
5．自己の個人的福祉及び利益を保護するために必要とされる場合は、知的障害者は資格を有する後見人を与えられる権利を有する。
6．知的障害者は、搾取、乱用及び虐待から保護される権利を有する。犯罪行為のため訴追される場合は、知的障害者は正当な司法手続きに対する権利を有する。ただし、その心神上の責任能力は十分認識されなければならない。
7．重障害のため、知的障害者がそのすべての権利を有意義に行使し得ない場合、又はこれらの権利の若干又は全部を制限又は排除することが必要とされる場合は、その権利の制限又は排除のために採用された手続きはあらゆる形態の乱用防止のための適当な法的保障措置を含まなければならない。この手続は資格を有する専

門家による知的障害者の社会的能力についての評価に基づくものであり、かつ、定期的な再検討及び上級機関に対する不服申立の権利に従うべきものでなければならない。

付録 D　人権委員会の方針のサンプル

目的

　人権委員会は、施設長の諮問機関として、組織の前進的な権利擁護機能を担う。審査される問題には、異常な事態の調査、ケガの報告、個人の権利に影響を与える非公式な実践、行動的プログラム、権利擁護の問題、権利代弁（アドボカシー）が含まれる。人権委員会は、行動的プログラムの審査では、行動管理委員会の職務を補完する。人権委員会は、そのプログラムが適用される個人の権利擁護に焦点を当て、一方、行動管理委員会は、そのプログラムに関する技法上および臨床的な事柄に焦点を当てる。また、個人の権利擁護に加えて、人権委員会の機能は、権利の最大化を保証し、権利の制限が必要な場合においては、現実的に一時的なもので、しかも非常に特定の場面に限られることを確認する役割を担う。

構成

　人権委員会の委員は、1年任期で、年毎に更新でき、施設長が任命する。委員には、その機関の職員、権利代弁者（例えば、親、後見人、あるいは適切と認められればプログラムの当事者など）、それに地域の一般市民が含まれる。委員の大多数は当該の機関と関連のない人たちである。

　委員会の開催に当たっては、議案に関係のある委員は、その議案に関する委員会の意思決定からは除外される。委員全員が、任命時と任期中に行われる定期的な研修を受け、委員会の機能や責任に関

する訓練を受ける。

会議

定例の会議、および必要に応じて臨時の会議が、委員長によって招集される。委員長は、次回の会議が開催されるまでの間に、必要があれば、次回の審議事項となる計画やプログラムを臨時的に認める権限を持つ。

機能

人権委員会は、次の3つの機能を果たす。第1は、ケガを含む特別な事態の調査や、利用者に提供されているプログラムの方法を検討することである。第2は、特定の個人に提供されている介入方略やプログラムに関して、権利擁護の側面から審査・監督すること。第3は、特定の問題に関して権利擁護の役割を果たすことである。申し立てのあった虐待やネグレクトについては、すべての事例が即座に委員長に報告される。

行動的プログラムの審査

人権委員会は、特定の行動上の問題に対する行動的プログラムについて審査を行う。適用された技法が個人の権利を制限していないかどうか、あるいは、個人の権利が保護されるためにどうしたらよいかを検討する。この審査は、行動管理委員会の審査に続いて行われる。人権委員会での審査は、文書化した行動支援プログラムの提出と、利用者に提供されたサービスに関係するプログラム専門職、

認定知的障害専門士やケースマネジャー、チームリーダー、またはプログラム管理者によって添付された資料にもとづいて行われる。介入に関する審査の内容には、考えられる制限、侵入性、リスクや痛み、あるいは嫌悪的な事態などがある。加えて、委員会は、プログラムが展開される過程についても検討を加える。

申請されたプログラムやデータについての検討をもとに、人権委員会は次の決定のどれかを勧告する。

1. 最大6ヵ月まで、プログラムの実施を認める。
2. 学際的チームによって特定の変更が施された上で、プログラムの実施を認める。
3. 特定の問題に関して行動管理委員会に差し戻し、再審査を要請する。
4. 申請されたプログラムを承認せず、却下するか棄却する。

事件報告の審査

人権委員会は、機関の内部で起きたすべての事件の報告について検討を行う。事件とは、異常な事態の疑いがあると判断される出来事をいう。それらの検討の中心は、その機関のサービスを受けている人の権利を、事前・事後にわたって保護することである。委員会は、機関によってなされた決定を検討し、再発の可能性や程度を最小限にするための計画を勧告することができる。

事件の審査に当たっては、当該の事件についてのさらなる情報を得るために、関係の職員やその他の人に対して、委員会への出席を要請することがある。

緊急手続きの適用

緊急手続きの適用に関する報告は、人権委員会に提出される。緊急手続きとは、化学的抑制、物理的拘束、その場面からの強制退去などである。

権利代弁

人権委員会は、特定の権利の問題を討論するための意見交換の場を提供する。権利の問題は、委員会の公式な会議や、委員会のメンバーによる非公式な議論を通して究明される。

これらの議論の後、決定された見解や改善勧告を、委員会の保存記録に記載しておく必要がある。

リスニングイヤー

リスニングイヤー（The Listening Ear）は、サービスの利用者が使うことのできる秘密の留守番電話サービスである。この留守番電話は、利用しているサービスについての意見や苦情を述べる機会として、24時間365日受け付けている。

留守番電話に残されたメッセージは、申し立てられた問題に最初に対応する責任を持つ人権委員会委員長が毎日再生し、秘密は問題を究明するために可能な限り保持される。記録は人権委員会の委員長が保管し、人権委員会の会議で審議される。関係する責任者には、さらに問題の追跡のために、プログラムに関する事項についてその問題が知らされる。施設長に対しては、重大な問題の場合に報告される。

プログラムを利用する各個人には、そのシステムにアクセスする方法を示した個人カードが与えられる。具体的には、チームリーダーやコーディネーターから、システムの機能や使い方に関する情報が与えられる。

議事録
　人権委員会の会議の議事録は、委員によって承認された後、保管される。コピーも、機関によって保存される。

付録E　委員のための参考図書

The Accreditation Council on Services for People with Disabilities(1991)*Enhancing the Rights of People With Developmental Disabilities*, The Council: Landover,Maryland.

Blatt, B. & Kaplan, F. (1974) *Christmas in Purgatory: A Photographic Essay on Mental Retardation,* Human Policy Press: Syracuse, New York.

Hayes, L. & Hayes, G., et al. (1994) *Ethical Issues in Developmental Disabilities,* Context Press: Reno, Nevada.

引用文献

The Council(1990). *Standards and Interpretation Guidelines for Services for People with Developmental Disabilities.* Landover, Maryland: The Council.

Dykstra, Art Jr.(1995). *Outcome Management: Achieving Outcomes for People with Disabilities,* Homewood, Illinois: High Tide Press.

Friedman, P. R. (1976). *The Rights of Mentally Retarded Persons,* New York: Avon Books.

Griffith, R. G. & Henning, D. (1980). An administrative perspective on guidelines for behavior modification: The creation of a legally safe environment. *Behavior Therapist, 3,* 5-7.

Hayes, Linda(1994). Lecture at Trinity Services Inc., Joliet, Illinois.

Heart Share Human Services(1996). *Unforgotten... Twenty-five Years After Willowbrook.* New York: City Lights Media.

Illinois Dept. of Public Welfare(1892). *Charitable Institutions of the State of Illinois,* Springfield, Illinois: State of Illinois.

Ray, N. K. (1994). Capitalizing on the safety net of incident reporting systems in community programs. In C. J. Sundram(Ed.), *Choice and Responsibility.* Albany: New York State Commission on Quality of Care.

Region II Developmental Disabilities Office(1980). *Developmental disabilities rights assurance procedures: Readings for human rights committees and behavior management committees.* Springfield, Illinois: Illinois Department of Mental Health and Developmental Disabilities.

Spreat S. & Lanzi, L. (1989). Role of HRCs in the review of restrictive/aversive behavior modification procedures: A national survey. *Mental Retardation, 27,* 375-382.

Scheerenberger, R.C. (1983). *A History of Mental Retardation.* Baltimore, Maryland: Paul H. Brookes Publishing.

Sundram, Clarence(1994). *Choice and Responsibility: Legal and Ethical Dilemmas in Services for Persons with Mental Disabilities.* Albany, New York: The New York State

Commission on Quality of Care for the Mentally Disabled.

Swan J. H., Harrington, C. & Grant, L. (1989). State medicaid reimbursement for ICF-MR facilities in the1978-1986 period. *Mental Retardation, 27,* 353-369

United Nations General Assembly(1971). United Nations Declaration on the Rights of Mentally Retarded Persons. General Assembly Resolution 2856(XXVI).

United States Federal District Court(1972). Wyatt v. Stickney. 344 F. Supp. 387. MD, ALA.

U.S. Dept. of Health, Education, and Welfare(1978). Protection of Human Subjects (Part46). Code of Federal Regulations.

《著者紹介》
Steve Baker
　大学のヒューマンサービスの分野の仕事に非常勤として勤務し、以来、30年間、非営利サービス機関のほとんどすべての領域で働き、管理の仕事もしてきた。現在、トリニティサービス株式会社の人権委員会委員長を務めている。米国イリノイ州ニューレノックス在住。

Amy Tabor
　自閉性障害の人のためのグループホームで、直接支援スタッフとしてヒューマンサービスに関わった。以来、ヒューマンサービス機関の中でさまざまな役割を担ってきた。現在、コンサルタント会社の代表を務め、国内の非営利資源の開発、スタッフトレーニングの専門分野、質の向上と組織の改善に関する業務を行っている。米国イリノイ州プレインフィールドで、夫と3人の子どもと暮らしている。

《訳者紹介》
渡部匡隆　　わたなべ・まさたか　博士（心身障害学）
横浜国立大学教育人間科学部助教授。自閉性障害をはじめとする発達障害のある人たちの社会参加・地域支援が専門。
最近の著訳書に、次のものがある。「発達障害に関する10の倫理的課題」（分担訳）二瓶社、「発達障害の理解と援助」（分担執筆）コレール社。

園山繁樹　　そのやま・しげき　博士（教育学）
筑波大学心身障害学系助教授。自閉性障害をはじめとする発達障害や情緒障害のある人たちに対する行動的サービスが専門。
最近の著訳書に、次のものがある。「挑戦的行動の先行子操作」（共訳）二瓶社、「行動障害の理解と援助」（共編著）コレール社。

入門・発達障害と人権

| | 2002年9月15日　第1版1刷 |
| | 2008年8月20日　　　　2刷 |

著　者	スティーブ・ベーカー
	エイミー・テーバー
訳　者	渡部匡隆・園山繁樹
発行者	吉田三郎
発行所	㈲二瓶社
	〒558-0023　大阪市住吉区山之内2－7－1
	TEL 06-6693-4177　FAX 06-6693-4176
印刷所	亜細亜印刷株式会社

ISBN 978-4-931199-92-7 C3011